Jean Graciet

Caderno de exercícios do
perdão segundo o Ho'oponopono

Ilustrações de Jean Augagneur

Tradução de Sonia Fuhrmann

EDITORA VOZES

Petrópolis

CB053816

© Éditions Jouvence S.A., 2013.
Chemin du Guillon 20
Case 1233 — Bernex
http://www.editions-jouvence.com
info@editions-jouvence.com

Tradução realizada a partir do original em francês intitulado: *Petit cahier d'exercices du pardon selon Ho'oponopono*

Direitos de publicação em língua portuguesa — Brasil: 2018, Editora Vozes Ltda.
Rua Frei Luís, 100
25689-900 Petrópolis, RJ
www.vozes.com.br
Brasil

Editoração: Fernando Sergio Olivetti da Rocha
Projeto gráfico: Éditions Jouvence
Diagramação: Sheilandre Desenv. Gráfico
Revisão gráfica: Nilton Braz da Roch
Capa/ilustrações: Jean Augagneur
Arte-finalização: Editora Vozes

ISBN 978-85-326-5797-8 (Brasil)
ISBN 978-2-88911-474-0 (Suíça)

Este livro foi composto e impresso pela Editora Vozes Ltda.

Dados Internacionais de Catalogação na Publicação (CIP)
(Câmara Brasileira do Livro, SP, Brasil)

Graciet, Jean
    Caderno de exercícios do perdão segundo o Ho'oponopono / Jean Graciet ; ilustrações de Jean Augagneur ; tradução de Sonia Fuhrmann. — Petrópolis, RJ : Vozes, 2018. — (Coleção Praticando o Bem-estar)

    Título original: Petit cahier d'exercices du pardon selon Ho'oponopono

    5ª reimpressão, 2022.

    ISBN 978-85-326-5797-8

    1. Autoconhecimento 2. Filosofia de vida 3. Ho'oponopono — Técnica de cura 4. Medicina alternativa 5. Vida espiritual 6. Perdão I. Augagneur, Jean. II. Título. III. Série.

18-15962   CDD-615.8528

    Índices para catálogo sistemático:
1. Perdão : Meditação : Terapias alternativas
       615.8528

Maria Alice Ferreira — Bibliotecária — CRB-8/7964

O perdão tradicional

O perdão ainda é considerado
por muitas pessoas como uma
fraqueza ou como algo perten-
cente à religião. Veremos que
o perdão é, na verdade, um
ato de coragem, uma tomada
de decisão para o desprendimento e uma porta que se abre
para o amor.

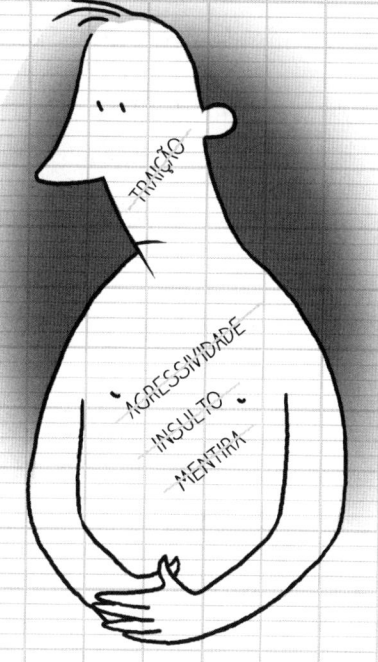

Para nossos espíritos ocidentais, mo-
delados pela influência judaico-cristã, o
perdão também é um conceito de difícil compreensão, uma
vez que nos encarcera na ideia de culpa. Por isso, afastar-se
da influência de memórias tão fortes, ensinadas há tantos
séculos, parece muito complicado.

Complicado também é pedir perdão, pois isso implica, em
nosso sistema de crenças, a confissão e o reconhecimento
do erro. Da mesma forma, **perdoar o outro** causa problemas porque isso significa renunciar à crítica, ao julgamento e à vingança.

3

Quem nunca foi vítima de um insulto, de uma agressão verbal ou física, de uma traição ou de uma mentira? Quem nunca foi vítima de uma situação impossível de ser esquecida, pois a ferida provocada foi tão profunda que pode ter desestruturado toda uma vida? Compreende-se que nessas condições seja quase impossível perdoar.

A vingança, muitas vezes, se apresenta como um desejo de fazer o outro passar pelo mesmo sofrimento, pelo mesmo mal, já que estamos persuadidos que exercer represálias pode apaziguar e atenuar a dor. No entanto, percebemos, em geral rapidamente, que isso não acontece. O desejo de vingança nos mantém no passado e só faz reavivar a dor.

De fato, quando a ferida é muito profunda, como poderíamos pensar em perdoar? **Mas por que o perdão é tão difícil? E, de fato, seria mesmo necessário perdoar?**

Às vezes também acreditamos ter perdoado porque o tempo cumpre seu papel, distanciando o passado doloroso do presente. Não pensamos mais naquele fato e acreditamos que como a página foi virada, tudo foi apagado.

Mas será que de fato perdoamos?

E como saber se realmente perdoamos?

– Pense em uma ou várias pessoas a quem você não perdoou, talvez porque não pudesse ou não quisesse.

Na frente de cada nome, tente determinar o sentimento ou sentimentos que experimentou e anote todos.

Nome	Sentimento

Você não perdoou porque não quer e porque quer permanecer no espírito de vingança, ou, então, você gostaria de perdoar, mas ainda não consegue?

Tente, para cada uma das pessoas listadas, especificar seu sentimento.

2 – Agora, pense em um ou vários acontecimentos dolorosos do passado causados por um terceiro a quem você desejou ardentemente perdoar e a quem acredita ter perdoado.

Quando você pensa nisso, ainda sofre um pouco? Tente definir seu sentimento ou sentimentos.

....

....

Voltando para aquele momento doloroso do passado, ainda permanece algum sentimento em relação ao "outro"?

☐ Sim ☐ Não

Quais são os juízos de valor que você ainda faz a essa pessoa? Enumere esses juízos de valor.

....

....

Você ainda se sente vítima do que aconteceu?

☐ Sim ☐ Não

Você vê aquela pessoa como responsável pelo ocorrido?

☐ Sim ☐ Não

Se você tivesse de se encontrar com a pessoa causadora de sua ferida, ainda teria algum ressentimento em relação a ela?

☐ Sim ☐ Não

Caso tenha respondido afirmativamente a uma ou várias dessas perguntas, ainda resta um ressentimento, um incômodo. Dessa forma, sem dúvida você ainda não a perdoou totalmente.

Como fazer para extirpar, como numa operação cirúrgica, esses últimos sentimentos de rancor, de animosidade e de raiva que, agarrando-se a nós, impedem que fiquemos em paz?

Perdoar significa **estar em paz em qualquer circunstância**. Mas podemos realmente estar em paz quando o passado doloroso ressurge de uma maneira ou de outra, porque pensamos nele ou porque o autor do drama, o responsável, o "culpado" do nosso infortúnio reaparece diante de nós? Nessas circunstâncias, como fazemos para não sentir mais esse nó no estômago? Como fazer para que nenhum ressentimento sobreviva e que tudo isso seja substituído pela paz total?

Veremos nas páginas e exercícios seguintes como cada um pode encontrar as pistas que levam ao perdão e à paz.

Além disso, durante os exercícios, não se esqueça de se mostrar muito indulgente consigo mesmo...

Esquecer ou negar não é perdoar

Perdoar não significa esquecer na esperança de que o tempo "percorrerá seu caminho" e chegará para atenuar ou apagar a dor. Frequentemente ouvimos alguém dizer: "Prefiro virar a página e não falar mais nisso..."

Por outro lado, é fácil constatar que é quase impossível esquecer um acontecimento do qual o ego saiu muito machucado.

Perdoar também não significa negar o acontecimento doloroso e o ferimento, minimizando o que se passou com uma frase do tipo: "Chega! Sabe, na realidade isso não é grave, não estou com raiva de você por isso..." Procurar o esquecimento ou privilegiar a negação da coisa causa muitas vezes grande *sofrimentos. Essa é uma atitude que se disfarça em perdão, mas que na verdade é uma fantasia, uma máscara que nada resolve.*

Exercício:

Tente se lembrar de alguns acontecimentos dolorosos que quis esquecer ou negar. Sendo bastante honesto consigo mesmo, veja onde você se encontra em relação a esses acontecimentos e sinta se ainda resta alguma emoção, algum ressentimento.

Acontecimento doloroso	Emoção ou ressentimento

Se for o caso, reconhece que não perdoou e aceita a ideia segundo a qual o esquecimento ou a negação não podem substituir o verdadeiro perdão?

☐ Sim   ☐ Não

Gostaria de se libertar desse peso do passado agora mesmo?

☐ Sim   ☐ Não

Se você está preparado para isso, continue a fazer os exercícios.

Exercício prático:

Divirta-se abrindo uma das gavetas de seu guarda-roupa.
Sabe uma daquelas gavetas na qual você nem sabe o que está
guardado? Esvazie-a e jogue fora as coisas que, de fato,
não são úteis, ou então faça uma doação. Depois arrume
o que restou.

Quando a gaveta se encontra quase vazia e tudo está bem-arrumado,
o que você sente? Com calma, preste atenção nos sentimentos que
surgem; depois, eventualmente, coloque no papel as palavras
que permitem qualificar o que sentiu.

....

....

....

Pedir perdão não significa ser culpado

Habitualmente, quando pensamos ter ofendido uma pessoa, devemos pedir perdão. Nesse caso, é preciso uma dose de coragem, pois o ego se recusa a admitir a responsabilidade, e ainda mais pedir perdão. Além disso, talvez exista alguma coisa de humilhante em admitir o erro e reconhecer a culpa. Por isso, às vezes, é tão difícil.

Está pronto para se desfazer disso?

Se esse for o caso, ao percorrermos as páginas que seguem, veremos como a culpa pode ser "dissolvida".

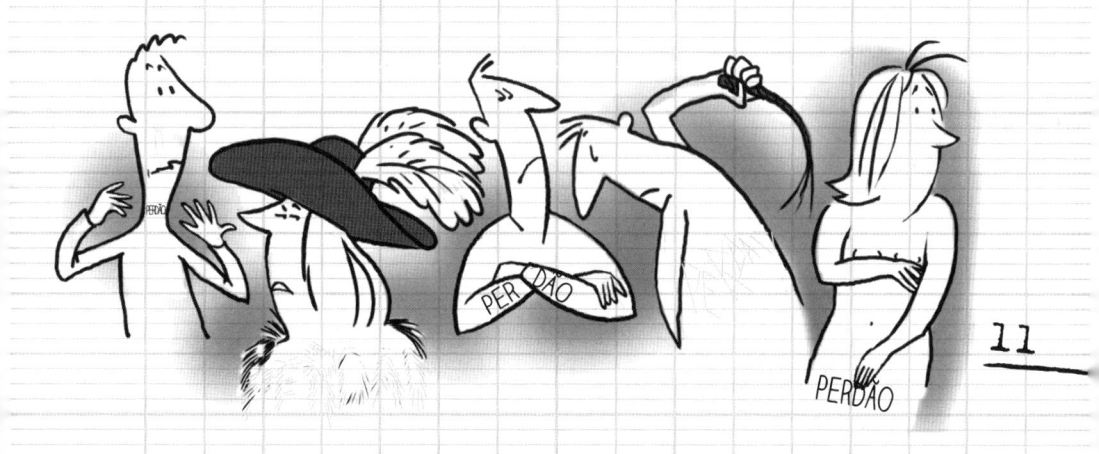

Exercício:

Talvez você tenha se sentido "culpado" em relação a outra pessoa, por causa de alguma coisa dita, de um gesto, uma atitude ofensiva, humilhante ou vexatória.

Pediu perdão de modo sincero e com humildade?

☐ Sim   ☐ Não

Se ainda não pediu perdão, reflita sobre o que o impediu de fazê-lo:

❀ Talvez um ego muito inflado ou talvez a vergonha?

☐ Ego   ☐ Vergonha

❀ Seria a certeza de estar com a razão (o que não passa de uma crença) e a vontade de manter essa posição?

☐ Sim   ☐ Não

Se for esse o caso, você se sente em paz?

☐ Sim   ☐ Não

Senão, pergunte-se então:

"Será que ainda procuro estar com a razão, ou, então, desejo ficar em paz?"

☐ Razão   ☐ Paz

"O que é mais importante?"

....

A partir do momento em que a humilhação se transforma em humildade, o perdão pode libertá-lo totalmente, convidando a mudar radicalmente sua visão do mundo exterior, dos outros, assim como a interpretação de tudo o que acontece com você.

Princípios básicos de Ho'oponopono

Existe outra maneira de ver o perdão: a que nos propõe Ho'oponopono. Ho'oponopono é um ritual ancestral havaiano de reconciliação e perdão. O perdão constitui o eixo central desse ritual.

Essa antiga sabedoria permite que coloquemos um olhar diferente sobre os acontecimentos, sobre os outros e sobre nós mesmos. Seus princípios básicos são:

➤ Meu mundo físico é uma criação de meus pensamentos.

➤ Se meus pensamentos estão errados, eles criam uma realidade física falsa.

➤ Se meus pensamentos estão perfeitos, eles criam uma realidade física repleta de amor.

PENSAMENTOS

➤ Sou 100% responsável por meu universo físico.

13

➤ Tudo existe no interior, tudo existe em pensamentos e nada existe no exterior.

As três partes de nossa identidade

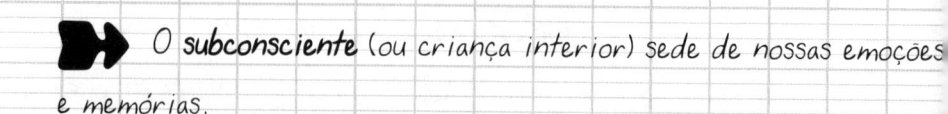 O **subconsciente** (ou criança interior) sede de nossas emoções e memórias.

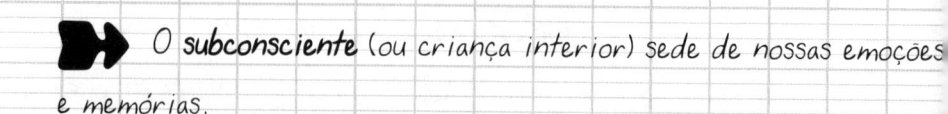 O **consciente** (ou mente). Essa parte detém o livre-arbítrio e o poder de escolher e decidir guardar na memória ou limpá-la.

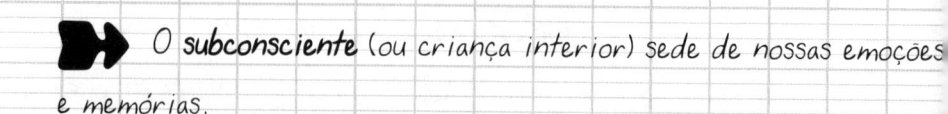 O **eu superior** (ou alma) que está em contato direto com a divindade interna e a quem confiamos as memórias para que sejam transmutadas em luz.

> O processo Ho'oponopono consiste em conectar-se à criança interior (ou subconsciente) a fim de pedir que libere as memórias relacionadas com os problemas presentes para, em seguida, entregá-las ao eu superior para que sejam "limpas".

Exercício: tenho escolha

É sempre importante lembrar que:

Tenho o livre-arbítrio. Assim, tenho a escolha de considerar que o exterior não é causa de meu infortúnio e reconhecer que a culpa que atribuía ao exterior está em mim. Nessas condições, agora tenho uma escolha a fazer:

Mantenho essas memórias e continuo a acreditar na ilusão que o exterior é real e que está separado de mim,

ou então,

admito que sou criador de tudo isso, que o exterior é somente uma projeção de minhas memórias, que a culpa é somente o produto de minhas crenças e de minhas memórias.

Decido liberar e confiar essas memórias à divindade interior, que está em mim, para serem transmutadas em amor.

A partir do momento em que decidi me desapegar, **deposito total confiança em minha alma** delegando-lhe as rédeas de minha vida. A mente é afastada e tenho total confiança em minha alma e no divino que me habita.

Desprendo totalmente e não fico na expectativa do resultado. Repito várias vezes:

"Sinto muito, perdão, obrigado, eu te amo..."

Exercício dedicado ao eu interior, sede das emoções

Fique numa posição confortável, relaxe, faça respirações profundas e feche os olhos.

Pense em um acontecimento bem desagradável, malvivido e que fo: causa de muitas emoções.

Identifique essas emoções. Será que foi vergonha, humilhação, frustração, culpa, tristeza, medo...?

....

Para que possa sentir a emoção, reviva o momento em que ela se manifestou mais fortemente. Não a rejeite, mas, ao contrário, aceite, acolha, respeite.

Diga: "Pensando em (descreva a situação), eu sinto (cite a emoção). Reconheço, aceito, acolho e amo essa emoção".

Por algum tempo fique com esse sentimento. Preste atenção em q parte do corpo essa emoção é mais forte.

Essa emoção é somente uma energia que agora pode ser liberada.

Dirija-se a sua criança interior e diga-lhe:

"Peço agora que você se desapegue da (cite a emoção) que estav: dentro de mim. Você pode deixá-la ir. Entregue-a ao eu superio: para que ela seja liberada.

Eu agradeço por fazer isso, eu te amo, obrigado, eu te amo..."

Repita várias vezes: "Perdão, obrigado, eu te amo..."

Exercício do perdão para entregar aos cuidados do eu superior

Sente-se confortavelmente e feche os olhos.

Pense na pessoa a quem você tem dificuldades de perdoar, em relação a quem você guarda ainda rancor ou raiva.

Fale com seu eu superior (sua alma). Peça que se manifeste.

Em seguida, peça que limpe as memórias que possui em comum com essa pessoa. Peça que libere e limpe todos os ressentimentos, as interpretações, as críticas, os julgamentos relativos a essa pessoa (diga o nome dela).

Peça que limpe todas as memórias relacionadas aos sofrimentos que acreditou terem sido causados por essa pessoa.

Peça que transforme essa percepção e que o ajude a enxergar coisas boas nessa pessoa: a luz, a beleza, a inocência e a perfeição.

Diga essas palavras e repita várias vezes:

"Eu sinto muito, perdão, obrigado, eu te amo..."

Finalmente, sinta a paz!

As memórias

O processo e a prática de Ho'oponopono consistem, assim, em limpar as memórias que nos conduzem e nos limitam.

Estejamos alertas para não cair nas armadilhas colocadas pelo ego quando ele nos faz acreditar que aquela coisa é positiva enquanto a outra é negativa, ou, então, que algo é bom e o outro é mau. Algumas vezes ele quer nos persuadir de que uma memória está certa enquanto a outra está errada. Isso corresponde a um de seus truques preferidos para, agora e sempre, nos manter na ilusão da separação.

Uma memória não é boa nem má. **Toda memória que nos vem ao espírito faz parte de nossa experiência de vida**, mas as memórias não são outra coisa que nós mesmos. Da mesma forma, não somos nossas memórias. Por isso, qualquer memória, "certa" ou "errada", deve ser limpa, ou melhor, deve ser transmutada em amor para que, pouco a pouco, possamos atingir o estado "zero" ou o estado de "vazio" do qual fala o Dr. Ihaleakala Hew Len. Simplesmente aquele estado de paz no qual a conexão de nossa alma com a divindade pode ser estabelecida. Esta é a finalidade de Ho'oponopono: encontrar o ser verdadeiro que nós somos. Esse ser infinito, sem limite e conectado com a fonte também chamado de Deus.

Exercício:

Anote as memórias que se repetem em sua vida e que são consideradas "negativas"...

. . . .

. . . .

. . . .

Vamos agora examinar as memórias, uma de cada vez. Indique por que acha que a primeira memória anotada é "negativa".

Quais sentimentos dolorosos surgiram? Anote-os.

. . . .

. . . .

Reconheça esses sentimentos, acolha um a um; depois, você dirá, dirigindo-se à memória que os criou (memória de vergonha, memória de separação, de humilhação, de injustiça etc.):

"Eu não sabia que tinha essa memória, eu a aceito e acolho; estou entristecido e peço perdão pelas críticas que fiz a você, agradeço por hoje me dar essa oportunidade, obrigado, eu te amo, obrigado, eu te amo ..."

Repita várias vezes. Depois examine a próxima memória da lista.

Faça sempre esse exercício permanecendo sempre no des
prendimento, sem expectativas. Talvez, com isso, mude su
percepção de cada uma dessas memórias, fazendo com que
pouco a pouco, suas faces iluminadas se mostrem para você
Por exemplo, o que você enxerga como humilhação, talvez s
apresente como uma simples experiência na qual você descubr
a verdadeira humildade, a afirmação de si mesmo, a confianç
acabando por compreender que somente o ego pode guardo
ressentimento, vergonha, humilhação. Você não!

Nessa mudança de percepção se situa o perdão. Ele nos permit
abandonar as limitações e os temores em que o ego nos mar
tinha para, em seguida, nos elevar até o nível da alma.

> ## Agora, você percebe:
> limpar as memórias
> se traduz por
> retirar os filtros
> que nos separam
> do amor.
> Isso já é perdoar.

As percepções e os pensamentos errados

Tudo o que vemos e sentimos tem origem em nossas memórias. A percepção criada para cada pessoa que atraímos para as nossas vidas nos mostra alguma coisa de nós mesmos. O que vemos no outro reflete um sentimento profundo existente dentro de nós. Isso permite conhecer nossas crenças e constatar como elas nos limitaram e bloquearam a livre-circulação do amor divino em nós.

A **percepção** não é do domínio da audição ou da visão, mas tem origem essencialmente nos processos mentais do pensamento e das memórias.

Ter a responsabilidade significa reconhecer que nossas memórias criam a cada instante nosso ambiente, nosso mundo exterior, possibilitando, assim, nos libertarmos do poder dos programas inconscientes do passado que nos governam.

> *Nossos* **PROGRAMAS** *forjam* *nossa* **PERCEPÇÃO** *das coisas.*

O perdão permite mudar nossa maneira de perceber, sentir e interpretar os acontecimentos, os conflitos causados por nossas emoções (frustração, medo, vergonha, culpa). Essa mudança de percepção nos permite libertar dos ressentimentos, da prisão na qual os sofrimentos nos mantinham e voltar para um estado de aceitação, de liberação e de paz.

Acima de tudo, o perdão é voltado para si mesmo, é algo de interior.

Ser responsável

A primeira etapa no processo de Ho'oponopono é reconhecer a inteira responsabilidade sobre os acontecimentos e compreender que as causas de nossas emoções, de nossos ressentimentos não se encontram no exterior, mas dentro de nós. Começamos por reconhecer que os acontecimentos externos são somente a projeção dos pensamentos, das crenças, dos valores, das memórias do nosso interior.

Assim, todo acontecimento externo se torna uma oportunidade para olhar dentro de si e limpar as memórias que deram origem a ele.

Esse é o primeiro passo do perdão: ser responsável pelas experiências e, dessa forma, abandonar o papel de vítima.

Reconhecemos que nossas memórias, nossas crenças são a causa de percepções erradas, fazendo com que vejamos no exterior de nós a causa de nosso infortúnio.

A responsabilidade consiste em escolher a cura e a paz.

Exercício:

Você pode assumir a
responsabilidade de tudo o
que ocorreu e ainda ocorre com
você, seja um acontecimento
feliz ou infeliz?

Se for esse o caso, parabéns!

Caso contrário, anote os fatos ocorridos que julga serem de sua
responsabilidade.

....

....

....

Por quê?

....

....

Depois, anote os fatos ocorridos que acredita não serem de sua
responsabilidade.

....

....

....

Por que você acredita nisso?

....

Como você pode estar certo disso?

....

Agora, entenda qual é a lição a ser guardada dessa experiência.

Perceba qual poderia ser o aprendizado disso. Por outro lado, escreva numa folha de papel todos os acontecimentos vividos por você nos últimos quinze dias, diferenciando aqueles pelos quais aceita a responsabilidade e aqueles cuja aceitação de responsabilidade é mais difícil.

Observe as diferenças!

Isso pode ajudar tanto na compreensão de sua maneira de funcionar como no entendimento da lição aprendida com essa observação.

Exercício:

Você quer continuar no papel de vítima dependente dos acontecimentos e dos outros?

☐ Sim   ☐ Não

Ou então está pronto para assumir a responsabilidade sobre sua vida?

☐ Sim   ☐ Não

Se respondeu afirmativamente à segunda questão, o exercício seguinte é para você:

Instale-se confortavelmente, faça a respiração consciente e profunda. Em seguida, imagine que está diante da pessoa a quem deseja perdoar. Visualize a pessoa; depois, fale lentamente, em voz alta, as seguintes afirmações:

❀ "Assumo a responsabilidade de minha percepção do que aconteceu, pois minhas memórias criaram tudo isso".

❀ "Libero toda expectativa em relação a você".

❀ "Reconheço que usei você para projetar meus próprios medos".

❀ "Se eu fiz algum julgamento, crítica ou interpretação em relação a você, peço perdão".

❀ "Só sei que temos memórias em comum".

❀ "Não desejo que você mude".

❀ "Não espero nada de você, não exijo nada de você".

❀ "Eu aceito como você é".

❀ "Estou aberto à possibilidade de perceber em você a beleza a pureza e a inocência".

Repita essas frases várias vezes, lentamente, deixando um pequeno lapso de tempo entre cada uma delas.

Repare nas mudanças de percepção que surgem em você.

Perdoar é aceitar

A aceitação se torna difícil quando surge um acontecimento doloroso provocando um choque emocional, um sofrimento. Na maioria das vezes, a revolta e a raiva tomam conta de nós e, não raro, a ideia de vingança.

Da maneira como as coisas acontecem, o ego, guiado por nossas memórias, nos fornece a ideia de uma possível realidade, vivenciada, de fato, como "nossa" realidade. Frequentemente, não aceitamos que as coisas tenham acontecido como aconteceram. Não tínhamos compreendido que essa "realidade" só existia em nossa mente, e assim também todos os julgamentos resultantes dessa "realidade".

PENSAMENTOS E JULGAMENTOS

O primeiro passo na direção do perdão consiste em aceitar os fatos ocorridos da maneira como aconteceram porque fazem parte da ordem divina. **Aceitar é perdoar**.

A partir do momento em que aceitamos, podemos, por conseguinte, tomar a decisão de perdoar.

Exercício:

Você viveu um episódio doloroso e não consegue aceitá-lo. Você queria que isso tivesse acontecido de outra forma. Anote detalhadamente como gostaria que tivesse sido, imaginando uma história, usando toda sua criatividade, de forma a ter uma sensação de felicidade.

....

....

....

Seu sentimento mudou? ☐ Sim ☐ Não

Agora, volte para o que realmente ocorreu e anote seus ressentimentos diante da situação vivida.

....

....

Neste momento, você está pronto para aceitar a ideia de que o ocorrido foi criado por você mesmo, por sua própria evolução?

☐ Sim ☐ Não

Não julgar é o início do perdão

Habitualmente, acreditamos dever perdoar os outros pelo que nos fizeram, pois os consideramos culpados. Seria isso um julgamento? Mas como podemos julgar o outro se ele é só um reflexo de nós mesmos? Julgar o outro significa julgar a si mesmo. A culpa que vemos no exterior não seria o reflexo de nossa culpa?

Quando julgamos o outro, nós o fazemos tendo como referênci[a] nossas próprias memórias. Nossa mente nos faz pensar que alg[o] é bem ou mal, positivo ou negativo, bom ou mau. Ela recorre à[s] memórias do nosso banco de dados do "disco rígido".

A prática de Ho'oponopono ensina que os outros são somente reflexo de nós mesmos em termos de crenças, valores, pensa[-] mentos e, assim, de memórias. Dessa maneira, **julgar o exterio[r] significa em última instância julgar a si mesmo.**

Julgar ou criticar nos conduz a fechar nosso coração ao amo[r] e a deixar de amar. O julgar induz a dualidade e a separaçã[o] e impede que a energia do amor chegue até nós.

> O **perdão** é essencial no processo Ho'oponopono porque libera nossas zonas sombrias de todos os medos para, na paz, nos conduzir até o amor.

Exercício:

Perceba como é difícil não julgar. Todavia, observe e anote seus próprios julgamentos e críticas no dia a dia.

Exemplo: É legal; é péssimo; isso é verdade; isso é menti-ra; eu sou incapaz; eu sou nulo em matemática; isso não dá para fazer; isso é muito importante; isso não tem nenhuma importância...

....

....

....

....

Para cada uma das opiniões dadas, coloque-se a questão:

Em que isso é bom... mau... verdadeiro... falso?
Em que você se baseia para afirmar...?
Como sabe que...?

Agora, você compreende: nossas opiniões e julga-mentos só se mantêm pelas nossas crenças, nossas memórias, e não correspon-dem a nenhuma realidade, a nenhuma verdade. Eles tornam falsas as percep-ções que temos de nosso mundo.

Exercício:

Durante algum tempo, observe atentamente e anote todos os julgamentos, interpretações ou críticas sobre os outros, em tudo o que acontece no seu dia a dia, seja em pensamentos ou em palavras.

Exemplos dessas opiniões:

☞ "Ela está de vermelho. Isso não lhe cai muito bem".

☞ "Ele é muito preguiçoso, nunca vai conseguir".

☞ "Como podem fazer uma novela como essa? Ela é horrorosa".

☞ "Como ele é pretensioso com esse novo carro".

☞ "Ela não tem um pingo de vergonha!..."

☞ "Ele esqueceu novamente sua chave!" (compreenda-se: "é coisa ruim!")

Você perceberá imediatamente que, de maneira inconsciente sem dúvida e com muita frequência, está julgando alguém ou alguma coisa, isto é, opinando sobre o que é o bem ou o mal.

Diante de cada um desses julgamentos encontre a emoção sentida quando você o formulou:

JULGAMENTO	EMOÇÃO
. . . .	. . . .
. . . .	. . . .
. . . .	. . . .

Nossas partes sombrias

As zonas sombrias são nossos "defeitos" ou nossos medos quase sempre inconscientes. Consideremos que frequentemente estamos em uma situação de negação desses aspectos de nós mesmos, quando na realidade seria necessário **acolher e aceitar nossos defeitos**. Eles fazem parte do lado escuro que tentamos esconder de nós mesmos, muitas vezes negando sua existência. No entanto, o lado escuro existe para nos ensinar, nos guiar. Ele detém o segredo de nossa evolução. Por isso é necessário aceitá-lo.

Exercício:

Durante uma semana, observe seus julgamentos em relação aos outros, principalmente quando o comportamento desse outro perturba ou afeta sua vida. Anote os defeitos que mais o incomoda nessa pessoa e suas opiniões a respeito dela. Não receie em colocar na lista seus amigos, familiares, parentes e colegas de trabalho. Com essa lista você inicia o conhecimento de seus próprios aspectos escondidos, das zonas escuras e sombrias que talvez, consciente ou inconscientemente, você não aceita e rejeita. Você vai se reportar a essa lista quando começar o processo de reintegração de sua sombra.

Nome	Defeito
. . . .	. . . .
. . . .	. . . .
. . . .	. . . .

Toda vez que enxergar uma zona sombria no outro, comece a reconhecer o "defeito" em você mesmo.

Aceite o "defeito" como ele é. Seu ego talvez tenha dificuldade para reconhecer que ele faz parte de você e, certamente, tentará resistir. Simplesmente desconsidere o ego fazendo Ho'oponopono:

"Eu sinto muito, perdão, obrigado, eu te amo..." Repita várias vezes.

Compreenda: agora, você tem a oportunidade de limpar uma memória relacionada com a zona sombria. Acolha o que vem em seguida.

Mas a quem o perdão se destina?

Na prática de Ho'oponopono, o perdão não se dirige ao outro, o perdão não é para o exterior. Ao contrário, ele age no interior. Pedimos perdão ao outro porque o usamos, pois projetamos nossos medos sobre ele. Nós o julgamos, e consequentemente nos julgamos. Por causa disso, fechamo-nos ao amor. O perdão se dirige antes de tudo a si mesmo.

Exercício:

Pense numa pessoa que faz, por exemplo, você experimentar o sentimento de injustiça.

Você pode dizer: "Sinto muito, pois não sabia possuir essas memórias de injustiça em mim. Agora assumo a inteira responsabilidade do que acontece".

Peço perdão a minha criança interior que sofreu muito e a quem abandonei.

Agora você pode deixar essas memórias.

Peço perdão a minha alma por tê-la privado de minha confiança.

Peço perdão a minhas memórias por tê-las ignorado e julgado.

Peço perdão ao outro por minhas percepções, interpretações, críticas erradas feitas a sua pessoa.

Peço perdão principalmente a mim, porque, ao julgar o outro, julguei a mim mesmo. Ao agir dessa maneira me fiz sofrer e me afastei do amor.

Eu me peço perdão... "obrigado, eu me amo..."

Perdoar: mudança de percepção.

O PERDÃO COMEÇA NO INTERIOR.

O PERDÃO SIGNIFICA CURAR A SI MESMO.

Buda também ensinou o perdão. Ele dizia:

> "Se você é picado por uma serpente,
> não corra atrás dela para castigá-la.
> A primeira coisa a fazer é se livrar
> do veneno."

Deixar o veneno se espalhar por todo o corpo pode ser compa rado a deixar que as emoções, ou seja, as memórias, continuer a nos fazer sofrer. Elaborar planos de vingança correspond a fazer, também, um julgamento do que aconteceu. De fato isso é continuar a se projetar externamente para encontrar solução para os sofrimentos.

A única e verdadeira solução não está no exterior, mas n interior de cada um. **O primeiro passo para a resolução do problemas corresponde à limpeza e à cura de nossas próprias feridas.**

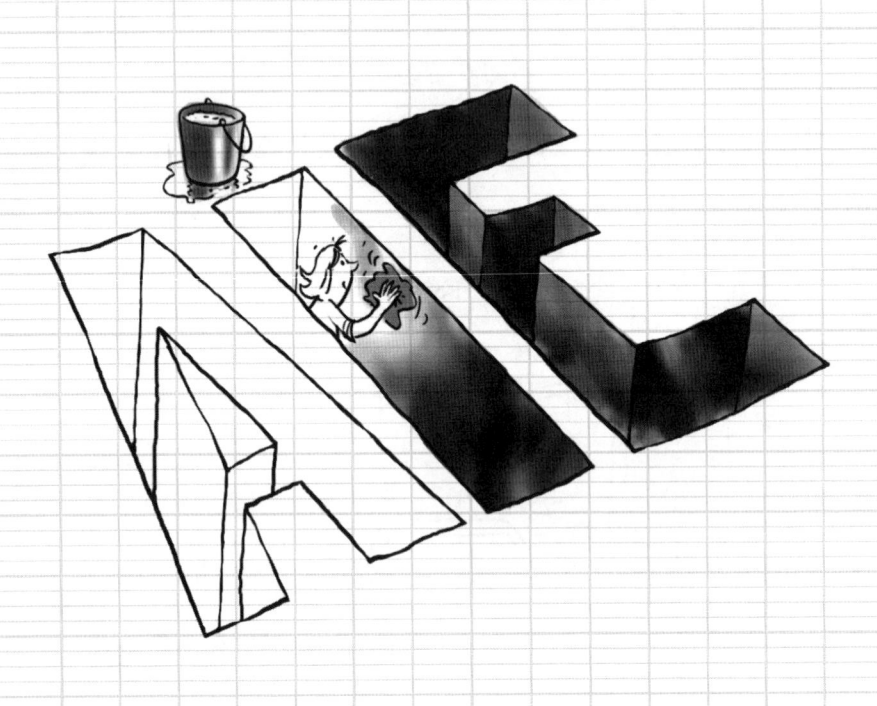

Exercício:

Pense em algum fato ocorrido causador de algum pesar, alguma dor. Observe todos os julgamentos e interpretações feitos por você.

Tenha em mente que esses julgamentos constituem uma carapaça na qual você se fechou. Essa carapaça aparentemente lhe deu proteção, mas ela também o limitou.

Muitas vezes, para curar de fato uma ferida é preciso arrancar a crosta para limpar o interior.

Está pronto para retirar a carapaça e entrar no interior de si mesmo?

☐ Sim   ☐ Não

Quando pensa naquela situação passada, no mais profundo de si, o que sente?

Anote seus ressentimentos.

....

....

Permita-se sentir sem, no entanto, formar opinião sobre suas emoções e sem tentar mudá-las ou suprimi-las.

Você pode aceitar e acolher essas emoções com todo seu amor?

☐ Sim   ☐ Não

Você poderia pensar na possibilidade de ser responsável por seus ressentimentos? Poderia imaginar que as emoções sentidas são uma consequência da maneira como você percebe a situação?

☐ Sim   ☐ Não

E se toda essa história fosse somente a manifestação das memórias que precisam ser limpas?

Talvez você já tenha vivido situações semelhantes no passado?

☐ Sim   ☐ Não

Caso a resposta seja afirmativa, anote-as.

Você deve perceber: a vida coloca incessantemente as mesmas situações em nosso caminho para que, um dia, tomemos a decisão de limpá-las.

Você está pronto para tomar essa decisão aqui e agora?

☐ Sim   ☐ Não

Se respondeu sim, conecte-se ao seu eu superior e peça ajuda para curar essa ferida e todas as memórias relacionadas a ela.

Dirija-se a sua criança interior, com muito carinho, paciência e confiança. Diga:

"Obrigado, eu te amo, obrigado, eu te amo, obrigado..."

Ao fazer isso, conscientemente, você delega a seu eu superior tudo o que causou aquela ferida. Fazendo assim, você opera um desprendimento total, em toda confiança.

O mundo da separação

O perdão tradicional, sejamos a vítima ou o culpado, sempre nos mantém no mundo da dualidade e da separação. O julgamento provocado por ele nos diz o que é bem ou mal, verdadeiro ou falso. Nesse estágio do perdão o ego está no comando, nos indicando ainda que o problema se encontra no exterior de nós.

Perdoar é se libertar da culpa, dos temores e medos, de todos os ressentimentos, colocando todos eles nas mãos de Deus para serem, assim, transmutados em amor.

A única maneira de perdoar nossos próprios erros consiste em perdoar, nos outros, os erros que neles percebemos. Porque repetindo o que disse anteriormente, tudo o que vemos no exterior é produzido por nossas próprias memórias, ou seja, é produzido por nós mesmos.

Exercício:

Você acaba de passar por um momento doloroso no qual se considera ofendido. Sente-se contrariado consigo mesmo, machucado e até mesmo culpado.

Diante dessa situação, você sempre tem escolha: estar empenhado em continuar a remoer o conflito, em consequência, sofrer, ou então ficar em paz.

☐ A paz   ☐ O conflito

Caso tenha escolhido a paz, então:

Respire profunda e interiormente, e diga:

"É uma percepção errada que me faz ver a coisa dessa maneira, nessas condições deixo para lá essa história e adoto o desprendimento. Agora, escolho o amor e a paz".

Repita para si mesmo:

"Escolho o amor e a paz"

Repita ainda:

"Escolho o amor e a paz... escolho a paz... escolho a paz..."

Agora, sinta o efeito que isso provoca em você. Não se sente mais livre?

> **Estar sempre julgando nos conduz ao mundo da SEPARAÇÃO e da DUALIDADE.**

> **É por meio da "doação" que nos tornamos UM com a FONTE DIVINA.**

Atrair o amor

Nós só podemos doar aquilo que possuímos. E isso vale para tudo. Principalmente o amor que só pode ser dado por quem soube atraí-lo para si.

Mas como fazer para se amar?

Como atrair o amor?

Exercícios:

Amar a si mesmo significa saber atrair o reconhecimento, o respeito, a segurança, a confiança, a grandeza de espírito, a gratidão, a valorização, a abundância, a paz. Todos esses valores são derivados do amor. Cada um deles é, pode-se dizer, uma parcela de amor.

Atrair o amor não é coisa simples. Nesse caso, por que não tentar se apropriar dos valores aos poucos? Podemos começar com um deles, depois outro, e assim sucessivamente.

Responda às perguntas e faça uma lista de valores: "Que valores são os mais importantes para mim?"

Por exemplo: a confiança, a alegria...*…

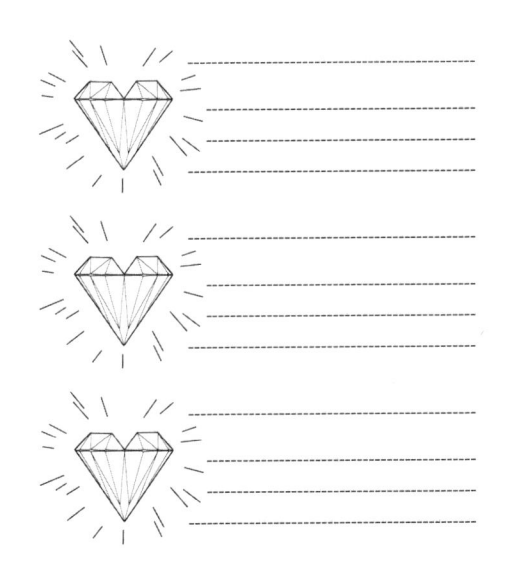

---

* Lista não exaustiva de valores: abundância; aceitação; altruísmo; benevolência; bondade; compreensão; coragem; criatividade; desprendimento; saber ouvir; entusiasmo; autoestima; ética; dignidade; flexibilidade; fé; generosidade; gratidão; honestidade; humildade; humor; integridade; leveza de espírito; desapego; não crítica; paciência; reconhecimento; respeito; segurança; serenidade; tolerância; valorização...

Depois responda, para cada um deles, às seguintes questões:

☞ "Como é definido esse valor?"

☞ "O que me leva a querer esse valor e dele me apropriar?" Explique.

☞ "A partir de hoje, o que farei concretamente para satisfazer e me apropriar desse valor?"

Liste, precisamente, todas as ações, até mesmo as menores, que vai executar para se apropriar desse valor.

Escreva em pequenos pedaços de papel esses valores. Depois, a cada dia, sorteie um deles. Assim você escolherá o valor do dia, aquele a ser praticado mais especificamente.

Exercício:

Olhando-se num espelho, diga o seguinte:

- ❀ "Gosto do meu corpo, pois ele cumpre perfeitamente sua missão".

- ❀ "Gosto do que sou".

- ❀ "Tenho orgulho do que já realizei".

- ❀ "Gosto dos meus fracassos, pois eles me permitiram avançar".

- ❀ "Tenho orgulho de minha vida".

- ❀ "Sou magnífico".

- ❀ "Sou extraordinário".

- ❀ "Sou uma pessoa maravilhosa".

- ❀ "Sou um ser iluminado".

- ❀ "Sou o amor".

Perdoar é ver além das aparências, é ver a alma escondida atrás dos comportamentos.

Exercício:

Exercite a prática do perdão com pessoas desconhecidas.

Você está na rua, no metrô, nos engarrafamentos ou sentado numa mesinha de bar.

Uma pessoa passa ou senta-se na mesinha ao lado.

Dirija-se mentalmente a essa pessoa, sem prejulgamentos, e diga:

 "Eu a vejo e aceito como você é,

 sei que você é consciência pura, como eu também sou, sua alma é pura, você é amor,

- ✿ escolho ver o ser maravilhoso e iluminado dentro de você,
- ✿ escolho ver a beleza existente em você,
- ✿ reconheço que você é meu reflexo,
- ✿ eu sou você, você é eu,
- ✿ peço perdão e agradeço,
- ✿ eu te amo,
- ✿ eu te amo
- ✿ eu te amo..."

Envie todo o amor possível a essa pessoa desconhecida, vivendo a experiência conscientemente.

Este exercício, feito muito rapidamente, pode ser repetido com frequência. Observe os sentimentos que tomam conta de você. Como se sente?

....

....

....

Exercício para ir muito mais longe

Agora continue o exercício e observe bem a pessoa.

Tente imaginar, talvez enxergar, o ser de luz que está junto dela, acompanhando. É a alma, o eu superior dessa pessoa. Dê-lhe um nome, como achar melhor.

Agora pode visualizar a mesma luz em todas as pessoas a sua volta, que passam, que se sentam. Ao mesmo tempo, você se dá conta de sua própria luz, está ali, a seu lado.

Observe as pessoas que vão e vêm, acompanhadas por suas almas. Não é um espetáculo impressionante?

O que você sente ao fazer isso?

....

....

Considere com isso que as pessoas são muito mais do que mostram e, na realidade, são mais do que seus corpos. Você vê o verdadeiro ser de cada um. Um ser iluminado, generoso, radiante de amor.

Qual a impressão causada?

....

....

De fato, você é o mesmo ser, iluminado e radiante de amor.

Diante de você, dois mundos se apresentam: primeiramente o mundo das aparências, no qual cada pessoa, acreditando ser um corpo, pensa que está separada dos outros; em segundo lugar, o mundo da unidade, pois todas as almas estão unidas pelo amor e se originam da mesma luz e da mesma fonte.

Então você se dá conta de que, nessa dimensão, o perdão não é mais necessário porque tudo está perdoado: o amor ocupa tudo.

Uma história de avião pode conduzir à paz

Depois da turbulência e o estresse, a calma e a paz.

Um dia, peguei um avião em Windhoek, na África do Oeste, em direção a Johannesburg. O avião era um Boeing 727, fácil de manobrar, capaz de decolar e ao mesmo tempo fazer uma curva rapidamente. Naquele dia, o céu estava encoberto e o teto muito baixo. Mesmo assim, o avião decolou. Talvez hoje isso não ocorresse, mas o fato aconteceu há mais de 40 anos...

O avião comportava uma centena de pessoas despreocupadas, eu em primeiro lugar, pois não imaginávamos o que viveríamos. Rapidamente a visibilidade pelas janelas do avião se tornou nula por causa das nuvens tão densas que podiam ser "cortadas com uma faca". Ao mesmo tempo, o avião começou a vibrar terrivelmente. Em seguida, sentimos virar para a esquerda, subir, depois virar para a direita, em seguida para a esquerda e para a direita, num movimento que parecia não terminar. Pensamos que isso não acabaria nunca. O rosto dos passageiros próximos a mim estavam lívidos. O medo era palpável. Ninguém mais falava e cada um estava atarracado ao assento rezando para que saíssemos o mais rápido possível da espessa camada de nuvens na qual o avião havia penetrado. Não se ouvia nenhuma palavra, exceto o terrível e ameaçador ruído do avião que sacudia. O ruído preenchia tudo e nos apavorava.

O tempo havia parado. O avião procurava manter sua integridade ao mesmo tempo em que tentava encontrar o caminho que o levasse acima das nuvens.

Quanto tempo durou? Talvez quinze ou vinte minutos. Mas pareceu-nos uma eternidade...!

Em seguida, ao final desse tempo infinito acompanhado por uma angústia indescritível, pelas janelas do avião uma luz mais viva surgiu e, rapidamente, em alguns segundos apenas e quase sem transição, uma forte luz branca invadiu o interior do avião. O céu azul e o sol nos alcançaram.

E, num repente, calma e paz profunda... Algo espantoso, de outra dimensão... Nesse instante eu soube de fato o significado da paz, aquela que se confunde com o amor-próprio, o amor ao próximo: o amor simplesmente.

A terrível turbulência, como por mágica, havia desaparecido. O aparelho retomou seu rumo deslizando pelo ar com seu doce ronronar, dando lugar a uma calma quase absoluta. Dissipados os receios mais profundos, apagados e limpos, cada passageiro encontrou a paz, uma paz libertadora, uma paz salvadora.

Da mais completa escuridão da massa de nuvens, havíamos alcançado a luz.

O medo mais tenebroso deixou lugar à paz mais serena.

O perdão pode nos elevar a um tal estado de paz que não podemos imaginar, pois essa paz não é desse mundo. Por sua vez, a paz nos leva a um nível no qual a culpa está totalmente ausente, um nível de paz autêntica.

O PERDÃO É UMA MUDANÇA DE PERCEPÇÃO.

O desapego total é a chave do perdão

Com Ho'oponopono a criança interior vai se desapegar e liberar as memórias, entregando-as à alma para que sejam transmutadas em amor. Esse desapego só é possível se confiarmos totalmente em nosso eu divino.

Na prática de Ho'oponopono, quando você diz "perdão", "peço perdão" ou "perdoe-me", você dirige esse perdão a si mesmo. A partir do momento em que essas palavras são ditas com sinceridade e humildade, um processo de mudança se inicia, como se fosse uma alquimia. As resistências e o medo do passado se transformam. A frustração, a humilhação, a vergonha e a raiva pouco a pouco, se dissolvem para se tornarem luz e amor. Um desapego libertador se opera e você é conduzido para um sentimento de liberdade, de amor e de paz. As percepções antigas se apagam e um novo olhar se impõe; finalmente, você perceberá no outro a beleza, a inocência, a pureza, todas as virtudes que constituem realmente o ser de luz. É como nascer de novo.

O perdão é, de fato, uma porta que permite passar do domínio do ego para o espaço infinito de liberdade e de paz: o espaço do coração.

A carta do perdão

No jogo de cartas **Sabedoria e poder de Ho'oponopono** (Éd. Jouvence, 2012), a carta intitulada "Sinto muito, perdão" representa uma pesada porta meio entreaberta. Estamos do lado mais escuro, enquanto a porta se abre para um cômodo muito iluminado. Essa porta representa o perdão que dá acesso à luz e ao amor. Perdoar é como acionar a maçaneta dessa porta para que ela se abra cada vez mais.

Por essa porta podemos sair e nos libertar do mundo das ilusões no qual guardamos nossos medos e todas as memórias do passado para, enfim, alcançar a liberdade e a unidade com a fonte; alcançar o amor.

Exercício do desapego

Instale-se confortavelmente, relaxe, respire profundamente e feche os olhos.

Imagine que está em um cômodo totalmente escuro. Você permanece lá e está prestes a abrir a única porta existente no local.

Você coloca a mão na maçaneta da porta e começa a abrir. Um fluxo intenso de luz entra pela abertura da porta.

Talvez essa luz excessiva lhe cause temor, então você abre a porta bem devagar.

Imagine agora que essa porta representa o perdão.

Liberte-se, abra um pouco mais e veja a luz penetrar na escuridão. Quanto mais você abre a porta, mais a escuridão desaparece.

Quanto mais abre a pesada porta, mais você se banha na luz!

Agora, nota que a luz ocupa todo o lugar. A única coisa que a impedia de entrar era a porta fechada.

Imagine que a escuridão representa temores e medos, crenças, memórias, enquanto a luz, parte visível do amor, limpa todas as partes sombrias que existem em você.

Repare: quanto mais você permite que a porta se abra, mais o amor invade o seu ser, e quanto mais você perdoa, mais você se enche de amor.

Agora, com a porta bem aberta, a escuridão desaparece totalmente, deixando espaço para a luz que preenche até os cantos mais escondidos.

Você observa, então, que tudo é amor e que seus medos eram infundados, inexistentes, pois se originavam na percepção errada das coisas.

Aberta a porta, você sabe que perdoou e que está perdoado. O amor está em todas as partes.

Tudo é perfeito, tudo está perdoado!

O PERDÃO É UM ATO DE AMOR, UMA DOAÇÃO TOTAL DE SI MESMO.

Oração atribuída a São Francisco de Assis

Senhor, fazei de mim um instrumento de vossa paz,

Onde houver ódio, que eu leve o amor.

Onde houver ofensa, que eu leve o perdão.

Onde houver discórdia, que eu leve a união.

Onde houver dúvida, que eu leve a fé.

Onde houver erro, que eu leve a verdade.

Onde houver desespero, que eu leve a esperança.

Onde houver tristeza, que eu leve a alegria.

Onde houver trevas, que eu leve a luz.

Ó Mestre, fazei que eu procure mais

Consolar, que ser consolado,

Compreender, que ser compreendido,

Amar, que ser amado.

Pois é dando que se recebe.

É perdoando que se é perdoado.

E é morrendo que se vive para a vida eterna.

> *"O perdão é o melhor dos remédios e, após ter dado permissão às pessoas (pessoal da prisão) para dirigir-me tanto ódio, o amor e o perdão eram tudo o que me restava. Eu preferiria sempre estar cheio de amor do que de ódio. Fiz a escolha de amar e perdoar. O mais difícil é lembrar-se disso antes de ficar com raiva, e não depois. Mas eu faço o melhor possível!"*
>
> *L'audace d'aimer: une voie vers la liberté intérieure* (Pierre Pradervand. Éd. Jouvence, 2012). Citado por Roger W. McGowen, que passou mais de 25 anos no Texas num dos mais terríveis corredores da morte.

Para concluir

Perdoar, pedir perdão, assim como amar, é uma decisão. Sempre temos escolha: nos agarrar a nossa culpa, a nossas frustrações, a nossos ressentimentos e rancores, e outros medos do passado, ou, então, viver o momento presente fazendo a escolha da liberdade, da paz e do amor.

O perdão é uma porta, mas também é uma ponte possibilitando deixar o lugar da separação e da ilusão para passar para outro lado: o mundo da unidade, do amor e da paz.

Ho'oponopono nos mostra o caminho.

O único objetivo da vida é perdoar e amar.

Referências

CLERC, O. *Le don du pardon*. Éd. Trédaniel.

GRACIET-HURTADO, M.-E. *Petit cahier pour pratiquer Ho'oponopono*. Éd. Jouvence.

GRACIET-HURTADO, M.-E. & BODIN, L. *Ho'oponopono, o segredo da cura havaiana*. Editora Vozes.

PRADERVAND, P. *L'audace d'aimer*: une voie vers la liberté intérieure. Éd. Jouvence.

RENARD, G. *Et l'univers disparaîtra*. Éd. Ariane.

Coleção Praticando o Bem-estar
Selecione sua próxima leitura

- ☐ Caderno de exercícios para aprender a ser feliz
- ☐ Caderno de exercícios para saber desapegar-se
- ☐ Caderno de exercícios para aumentar a autoestima
- ☐ Caderno de exercícios para superar as crises
- ☐ Caderno de exercícios para descobrir os seus talentos ocultos
- ☐ Caderno de exercícios de meditação no cotidiano
- ☐ Caderno de exercícios para ficar zen em um mundo agitado
- ☐ Caderno de exercícios de inteligência emocional
- ☐ Caderno de exercícios para cuidar de si mesmo
- ☐ Caderno de exercícios para cultivar a alegria de viver no cotidiano
- ☐ Caderno de exercícios e dicas para fazer amigos e ampliar suas relações
- ☐ Caderno de exercícios para desacelerar quando tudo vai rápido demais
- ☐ Caderno de exercícios para aprender a amar-se, amar e – por que não? – ser amad(da)
- ☐ Caderno de exercícios para ousar realizar seus sonhos
- ☐ Caderno de exercícios para saber maravilhar-se
- ☐ Caderno de exercícios para ver tudo cor-de-rosa
- ☐ Caderno de exercícios para se afirmar e – enfim – ousar dizer não
- ☐ Caderno de exercícios para viver sua raiva de forma positiva
- ☐ Caderno de exercícios para se desvencilhar de tudo o que é inútil
- ☐ Caderno de exercícios de simplicidade feliz
- ☐ Caderno de exercícios para viver livre e parar de se culpar
- ☐ Caderno de exercícios dos fabulosos poderes da generosidade
- ☐ Caderno de exercícios para aceitar seu próprio corpo
- ☐ Caderno de exercícios de gratidão
- ☐ Caderno de exercícios para evoluir graças às pessoas difíceis
- ☐ Caderno de exercícios de atenção plena
- ☐ Caderno de exercícios para fazer casais felizes
- ☐ Caderno de exercícios para aliviar as feridas do coração
- ☐ Caderno de exercícios de comunicação não verbal
- ☐ Caderno de exercícios para se organizar melhor e viver sem estresse
- ☐ Caderno de exercícios de eficácia pessoal
- ☐ Caderno de exercícios para ousar mudar a sua vida
- ☐ Caderno de exercícios para praticar a lei da atração
- ☐ Caderno de exercícios para gestão de conflitos
- ☐ Caderno de exercícios do perdão segundo o Ho'oponopono
- ☐ Caderno de exercícios para atrair felicidade e sucesso
- ☐ Caderno de exercícios de Psicologia Positiva
- ☐ Caderno de exercícios de Comunicação Não Violenta
- ☐ Caderno de exercícios para se libertar de seus medos
- ☐ Caderno de exercícios de gentileza
- ☐ Caderno de exercícios de Comunicação Não Violenta com as crianças
- ☐ Caderno de exercícios de espiritualidade simples como uma xícara de chá
- ☐ Caderno de exercícios para praticar o ho'oponopono
- ☐ Caderno de exercícios para convencer facilmente em qualquer situação
- ☐ Caderno de exercícios de arteterapia
- ☐ Caderno de exercícios para se libertar das relações tóxicas
- ☐ Caderno de exercícios para se proteger do Burnout graças à Comunicação Não Violenta
- ☐ Caderno de exercícios de escuta profunda de si
- ☐ Caderno de exercícios para desenvolver uma mentalidade de ganhador
- ☐ Caderno de exercícios para ser sexy, zen e feliz
- ☐ Caderno de exercícios para identificar as feridas do coração
- ☐ Caderno de exercícios de hipnose